BEI GRIN MACHT SICH I
WISSEN BEZAHLT

- Wir veröffentlichen Ihre Hausarbeit,
  Bachelor- und Masterarbeit

- Ihr eigenes eBook und Buch -
  weltweit in allen wichtigen Shops

- Verdienen Sie an jedem Verkauf

Jetzt bei www.GRIN.com hochladen
und kostenlos publizieren

Christoph Treude

Microsoft Patterns: Web Presentation Patterns

GRIN Verlag

Bibliografische Information der Deutschen Nationalbibliothek:

Die Deutsche Bibliothek verzeichnet diese Publikation in der Deutschen National-
bibliografie; detaillierte bibliografische Daten sind im Internet über http://dnb.d-
nb.de/ abrufbar.

Dieses Werk sowie alle darin enthaltenen einzelnen Beiträge und Abbildungen
sind urheberrechtlich geschützt. Jede Verwertung, die nicht ausdrücklich vom
Urheberrechtsschutz zugelassen ist, bedarf der vorherigen Zustimmung des Verla-
ges. Das gilt insbesondere für Vervielfältigungen, Bearbeitungen, Übersetzungen,
Mikroverfilmungen, Auswertungen durch Datenbanken und für die Einspeicherung
und Verarbeitung in elektronische Systeme. Alle Rechte, auch die des auszugsweisen
Nachdrucks, der fotomechanischen Wiedergabe (einschließlich Mikrokopie) sowie
der Auswertung durch Datenbanken oder ähnliche Einrichtungen, vorbehalten.

Impressum:

Copyright © 2005 GRIN Verlag GmbH
Druck und Bindung: Books on Demand GmbH, Norderstedt Germany
ISBN: 978-3-638-66658-9

Dieses Buch bei GRIN:

http://www.grin.com/de/e-book/59309/microsoft-patterns-web-presentation-patterns

GRIN - Your knowledge has value

Der GRIN Verlag publiziert seit 1998 wissenschaftliche Arbeiten von Studenten, Hochschullehrern und anderen Akademikern als eBook und gedrucktes Buch. Die Verlagswebsite www.grin.com ist die ideale Plattform zur Veröffentlichung von Hausarbeiten, Abschlussarbeiten, wissenschaftlichen Aufsätzen, Dissertationen und Fachbüchern.

Besuchen Sie uns im Internet:

http://www.grin.com/

http://www.facebook.com/grincom

http://www.twitter.com/grin_com

Universität Siegen

Fachbereich 5 – Wirtschaftswissenschaften

Seminararbeit

Microsoft Patterns:
Web Presentation Patterns

Inhalt

1   Einleitung

Muster sind seit einigen Jahren eines der beliebtesten Forschungsthemen innerhalb der Software-Entwicklung. Das Interesse entstand vor allem vor dem Hintergrund, dass lange Zeit zwar gute Entwurfsmethoden und Sprachen wie z.b. die *Unified Modeling Language UML* vorhanden waren, es jedoch an dokumentierten, praxistauglichen Entwürfen für Software-Systeme fehlte und somit bei neuen Problemen oft gleiche Lernprozesse wiederholt werden mussten (vgl. [Fow99, S. 5f.]). Muster dagegen halten nicht nur gewisse Methoden fest, sie beinhalten zusätzlich Erfahrungen der Software-Entwickler in einer Form, die ihre Wiederverwendung möglich macht. Auf diese Weise ist es möglich, von den Erfahrungen langjähriger Entwickler zu profitieren, ohne selbst Experte zu sein (vgl. [GHJV04, S. 1ff.]).

Darüber hinaus stellt die Verwendung eines in der Praxis erprobten Musters sicher, dass die entwickelte Software bestimmten Anforderungen genügt, die an das Muster gestellt wurden. So sind in den letzten Jahren diverse Muster entwickelt bzw. gefunden worden, deren Anwendung Anpassungsfähigkeit und Flexibilität eines Softwaresystems gewährleistet.

Die in dieser Arbeit behandelten Web Presentation Patterns stellen solche praxiserprobten Muster dar, die konkret auf das Anwendungsgebiet dynamischer Web-Applikationen bezogen wurden. Ihre Anwendungsbereiche reichen von der grundlegenden Trennung zwischen Anwendungslogik und Darstellung über die flexible Gestaltung von Web-Anwendungen bis hin zu unterschiedlichen Verfahren zum Cachen oft aufgerufener Seiten. Viele dieser Muster lassen sich mit einigen Anpassungen in der .NET-Umgebung besonders effizient umsetzen, indem von speziellen Klassen oder Mechanismen des .NET-Frameworks Gebrauch gemacht wird.

2   Muster in der Software-Entwicklung

Muster beschreiben Lösungsansätze für verbreitete und immer wieder auftretende Probleme in der Software-Entwicklung und ermöglichen so die Nutzung des in den Mustern beschriebenen Wissens erfahrener Software-Ingenieure durch weniger erfahrene Entwickler. Es hat sich gezeigt, dass solche wiederkehrenden Probleme bei der Entwicklung von Software nicht selten sind, daher hat sich in den letzen Jahren der Trend entwickelt, Muster zum Lösen diverser Probleme zu sammeln und zu dokumentieren (z.B. [BMR+98], [Fow03] und [GHJV04]).

Diese Art von Mustern als "Idee, die in einem praktischen Kontext hilfreich war und dies auch in anderen sein könnte" (aus [Fow99, S. 9]) wird allerdings nicht nur in der Software-Entwicklung benötigt, der Begriff trat vielmehr erstmals in diesem Zusammenhang in der Architektur auf (vgl. [Ale79]). Auch hier ergeben sich wiederkehrende Problemstellungen, die mit leichten Anpassungen immer auf die gleiche Art und Weise gelöst werden können. Im Folgenden werden einige Aspekte von Mustern in der Software-Entwicklung kurz beschrieben.

Eigenschaften. Ein Muster dokumentiert eine erprobte Lösung für ein in speziellen Entwurfssituationen häufig auftretendes Problem und abstrahiert dabei von Details, die für die Lösung irrelevant sind. Daraus ergibt sich, dass die allgemeine Lösung immer noch für die konkrete Anwendungssituation angepasst werden muss, andere Autoren sprechen daher von einem Lösungsansatz.

Muster erweitern das Vokabular von Software-Entwicklern und machen so im Idealfall umständliche Erklärungen einer Lösung überflüssig. Hat sich ein Muster unter einem bestimmten Namen etabliert, so kann seine Anwendung als Grundwissen eines Software-Entwicklers vorausgesetzt werden.

Dokumentation. Für die Dokumentation von Mustern hat sich in den letzten Jahren ein Standard durchgesetzt, der von den führenden Autoren eingehalten und teilweise erweitert wird. Demnach setzt sich ein Muster aus den drei Teilen Kontext, Problem und Lösung zusammen. Diese Teile stehen in einer Beziehung dergestalt, dass eine Lösung für ein Problem beschrieben wird, das in einem bestimmten Kontext auftritt. Unter Kontext versteht man die Situation, in der das Problem auftritt bzw. auftreten kann. Das Problem wird oft, z.B. im Rahmen der Microsoft Web Presentation Patterns (vgl. [MSDN04]), durch eine Liste von *forces* bzw. Kräften beschrieben. Unter Kräften versteht man in diesem Fall sämtliche Aspekte, die im angegebenen Kontext wirken und bei der Lösung zu berücksichtigen sind. [BMR+98, S. 9] teilt diese Kräfte wiederum in die Untergruppen Anforderungen *(requirements)*, Randbedingungen *(constraints)* und wünschenswerte Eigenschaften *(desirable properties)* auf. Die Lösung gleicht schließlich die beteiligten Kräfte aus, so dass das Problem gelöst wird. Abdecken muss die Lösung sowohl die statische Struktur der beteiligten Komponenten, die durch eine bestimmte Architektur definiert wird, als auch das Verhalten zur Laufzeit und damit die Interaktion der beteiligten Komponenten.

Beziehungen. Bei der Beschreibung von Mustern darf nicht außer Acht gelassen werden, dass die meisten Muster keineswegs unabhängig voneinander zu betrachten sind, sondern vielmehr

Interdependenzen vorliegen. So kann z.B. die Anwendung eines Musters zu einem neuen Problem führen, das durch ein weiteres Muster lösbar ist. Vielfach ist auch ein Muster eine Variante eines anderen Musters, außerdem können Muster für bestimmte Zwecke kombiniert werden[1]. Diese Abhängigkeiten haben zu einem Wandel in der Literatur über Muster geführt. Wurden zunächst Muster meist in so genannten Musterkatalogen aufgezählt (z.B. [GHJV95]), so entwickelt sich der Trend mehr und mehr dahin, Mustersysteme vorzustellen, die die Beziehungen zwischen den Mustern stärker in den Blickpunkt rücken (z.B. [BMR+98]).

Verwendung. Die Verwendung eines Musters ist nicht trivial, die Probleme beginnen bereits mit dem Auswählen des passenden Musters. Dazu ist es oft notwendig, den Musterkatalog bzw. das Mustersystem nach Problemen zu durchsuchen, die eine gewisse Ähnlichkeit mit dem eigenen Problem aufweisen. Ob ein Muster geeignet ist, um ein gegebenes Problem zu lösen, lässt sich oft nur durch Ausprobieren klären (vgl. [Fow99, S. 15]). Dabei sollte allerdings nicht unter allen Umständen versucht werden, ein Problem in ein bestimmtes Muster zu zwängen, nicht jedes Muster ist für jedes Problem geeignet. [GHJV04, S. 42] weist weiterhin darauf hin, dass Muster die vielfach angestrebten Eigenschaften Flexibilität und Variabilität oft auf Kosten der Einfachheit eines Software-Systems erreichen. Ein Muster sollte daher nur dann Anwendung finden, wenn seine positiven Eigenschaften wirklich benötigt werden.

3 Web Presentation Patterns

In [MSDN04] stellt Microsoft sechs verschiedene Muster vor, die vor allem im Kontext dynamischer Web-Anwendungen hilfreich sind. Einige der Muster sind allerdings auch für Desktop-Applikationen geeignet und werden in der Software-Entwicklung schon seit Jahren erfolgreich eingesetzt.

Die Beschreibungen der Muster im Folgenden halten sich eng an die in Kapitel 2 beschriebene Gliederung und diskutieren für jedes Muster das vorliegende Problem sowie den Lösungsansatz, den das Muster vorschlägt. Darüber hinaus beschäftigt sich jeweils ein Abschnitt mit den Implikationen des jeweiligen Musters und mit den Möglichkeiten einer konkreten Implementierung[2] unter Ausnutzung der umfangreichen Klassenbibliothek von .NET.

---

[1] Für letzteres wird in Abschnitt 3.6 ein Beispiel gegeben.
[2] Ausführliche Code-Beispiele zu allen sechs Web Presentation Patterns finden sich in [MSDN04], diese werden hier aus Platzgründen nicht komplett wiedergegeben.

3.1 Model View Controller

Problem. Bei der Entwicklung vieler Informationssysteme hat sich gezeigt, dass Benutzeroberflächen deutlich öfter geändert oder an neue Umgebungen angepasst werden müssen als die zugehörige Fachlogik. Dabei müssen teilweise Anpassungen für Darstellungen auf anderen Geräten[3] vorgenommen werden. Werden Darstellung und Fachlogik im selben Objekt verwaltet, muss jedes Mal, wenn die Benutzeroberfläche geändert wird, das Objekt geändert werden, das die Fachlogik enthält. Dies kann leicht zu Fehlern führen, und nach jeder Änderung in der Präsentation der Daten muss die komplette Fachlogik erneut getestet werden.

Außerdem werden oft für dieselbe Fachlogik mehrere unterschiedliche Darstellungen benötigt. Um dann eine Code-Duplizierung zu vermeiden, sollte die Fachlogik für die unterschiedlichen Darstellungen selbstverständlich nur einmal implementiert werden um Redundanz zu vermeiden und um zu verhindern, dass eine logische Änderung an mehreren Stellen im Quelltext nachvollzogen werden muss.

Für die Forderung einer Trennung zwischen Fachlogik und Präsentation bei interaktiven Systemen (z.B. [Fow03, S. 369]) spricht weiterhin die Tatsache, dass Software-Entwickler oftmals auf eines der beiden Gebiete spezialisiert sind. Es sollte also für ein Entwicklerteam möglich sein, die Fachlogik zu ändern, ohne den Quelltexten einer anderen Gruppe Anpassungen vornehmen zu müssen.

Lösung. *Model View Controller* beschreibt allgemein, aus welchen Komponenten sich interaktive Systeme zusammensetzen sollten und wie diese miteinander kommunizieren. Die Anwendung dieses Musters erfüllt die vorstehend genannten Anforderungen und unterteilt eine Applikation in drei Komponenten (vgl. [Wik04] und Abbildung 1):

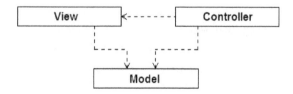

Abbildung 1: Klassendiagramm für *Model View Controller*, in Anlehnung an [Fow03, S. 367]

---

[3] [MSDN04] nennt hier als Beispiele PDAs und internet-fähige Handys.

Model. Das Datenmodell verwaltet die persistenten Daten der Anwendung sowie die notwendige Fachlogik, um Änderungen an den Daten vorzunehmen. In der Praxis hat das *Model* daher meist Zugriff auf die im System verwendete Datenhaltung (Datenbanken etc.).

View. *Views* dienen der Datenrepräsentation und enthalten keine Fachlogik. Sie kennen das *Model*, für ein *Model* kann es beliebig viele *Views* geben.

Controller. Der *Controller* nimmt Client-Anfragen entgegen und extrahiert die enthaltenen Informationen. Aufgrund dieser Informationen wird die Fachlogik des zugehörigen *Models* aktiviert. Nach Abarbeitung der Anfrage gibt das *Model* die Steuerung an den *Controller* zurück, der daraufhin den entsprechenden *View* mit den relevanten Informationen aktiviert.[4] Zu einem Model kann eine beliebige Anzahl von *Controllern* gehören.

Zu betonen ist, dass das *Model* weder die zugeordneten *Controller* noch die zugeordneten *Views* kennt, es ist also von diesen völlig unabhängig. Neue *Views* oder *Controller* können zu einem *Model* hinzugefügt werden, ohne das *Model* anpassen zu müssen.

Implikationen. [Fow03] beschreibt auf den Seiten 368f. die beiden Trennlinien, die vom *Model View Controller* impliziert werden. Die Trennung zwischen Präsentation und Modell ist eines der Grundkonzepte professioneller Software-Entwicklung und ermöglicht die vielzitierte *separation of concerns* sowie die Erstellung vieler Präsentationen für dieselben Daten ohne redundanten Quelltext. Die andere Trennlinie verläuft zwischen *View* und *Controller*. Das klassische Beispiel für eine derartige Trennung ist die Präsentation einer editierbaren und einer nicht editierbaren Version derselben Daten, hier besteht aufgrund der Separierung von *View* und *Controller* die Möglichkeit, einen *View* und zwei *Controller*, einen für die editierbare und einen für die nicht editierbare Variante, zu verwenden. In der Praxis findet man jedoch meist einen *Controller* pro *View* vor, und die Trennung wird oft gar nicht vollzogen[5].

In Web-Anwendungen ist die Trennung zwischen *View* und *Controller* jedoch vorhanden: Der *View* wird durch HTML-Code im Browser auf der Client-Seite realisiert, der *Controller* durch die serverseitige Komponente, die die Benutzeranfragen verarbeitet (vgl. [MSDN04]).

---

[4] Der Terminus *Controller* hat oft zu Irritationen geführt. Er enthält *nicht* die gesamte Fachlogik, sondern fungiert lediglich als „Input-Controller" (nach [Fow03, S. 72]).

[5] Genau genommen handelt es sich dann um das *Document View* Muster, das [BMR+98, S. 141] als Variante des *Model View Controller* vorstellt.

Implementierungen in .NET. In ASP.NET kann eine Seite, die anfragespezifische Daten aus einer Datenbank lädt und dem Benutzer anzeigt, auf unterschiedliche Arten implementiert werden. Der kürzeste Weg ist, den notwendigen Quelltext für die Datenbankanfrage sowie für die Verarbeitung der Benutzereingabe als Skript in die .aspx-Datei einzufügen. Diese Lösung enthält jedoch sämtliche Nachteile, die vorstehend als Gründe für die Anwendung von *Model View Controller* aufgeführt wurden, da alle drei Rollen in derselben Datei implementiert werden.

Die Trennung zwischen Fachlogik und Präsentation wird in ASP.NET durch die Code Behind Technologie erleichtert. Code Behind bietet eine Möglichkeit, Web-Applikationen zu gliedern und objektorientiert zu entwickeln, indem eine strikte Trennung zwischen Programmteil und HTML ermöglicht wird.[6] Die ASP.NET-Seite beginnt dann mit einer @Page-Direktive, die auf die Klasse verweist, die den Code Behind Quelltext enthält, der restliche Teil bleibt bis auf die Tatsache, dass der komplette Skript-Teil fehlt, identisch. Die Code Behind Klasse wird von System.Web.UI.Page abgeleitet und enthält den Quelltext, der sich in der Ursprungsversion im Skriptteil der .aspx-Seite befand. Zu beachten ist dabei, dass die Variablen in der Code Behind Klasse, die die HTML-Steuer- und Ausgabeelemente repräsentieren, den gleichen Namen besitzen müssen wie die entsprechenden Gegenstücke in der ASP.NET-Seite. Die Code Behind Klasse muss außerdem die Methode InitializeComponent() enthalten, die die von der .NET-Umgebung ausgelösten Ereignisse mit den entsprechenden Funktionsaufrufen verbindet und beispielsweise folgende Zeile enthalten könnte (nach [MSDN04]):

```
this.submit.Click +=
   new System.EventHandler(this.SubmitBtn_Click);
```

Diese Zeile legt fest, dass ein Klicken des Submit-Buttons die Ausführung der SubmitBtn_Click-Methode hervorruft, die in der Code Behind Klasse implementiert ist.[7]

Der letzte notwendige Schritt zur kompletten Anwendung des *Model View Controller* besteht in der Trennung von *Model* und *Controller*. Dieser Schritt ist mehr oder weniger trivial und teilt den Quelltext der Code Behind Klasse lediglich in eine Klasse mit ASP.NET-abhängigem und eine Klasse mit ASP.NET-unabhängigem Quelltext auf. Der ASP.NET-abhängige Teil realisiert die Rolle des *Controllers* und verarbeitet die Benutzeraktionen (z.B. das Klicken des Submit-Buttons), indem die entsprechende Methode der anderen Klasse aufgerufen wird. Die ASP.NET-un-

---

[6] Die Code Behind Technologie wird z.B. in [Lor02, S. 701ff.] detailliert beschrieben.

[7] Das hier verwendete Delegatmodell von .NET wird in Abschnitt 3.6 detaillierter beschrieben.

abhängige Klasse enthält allgemeine Methoden zum Auslesen und zur Änderung der Daten und stellt vielfach lediglich die Schnittstelle zur Datenbank dar. Im Umkehrschluss bedeutet dies, dass die *Controller*-Klasse von der konkreten Datenhaltung unabhängig ist, durch die vorgestellte Implementierung werden also alle geforderten Trennlinien eingehalten.

3.2 Page Controller

Problem. In Web-Applikationen findet bei Anwendung des *Model View Controller* eine Trennung zwischen *View* und *Controller* statt, da die Präsentation im clientseitigen Browser und die Steuerung auf Server-Seite realisiert wird. Dies ermöglicht unter anderem, dass durch mehrere unterschiedliche Aktionen der gleiche Code zum Erstellen der entsprechenden Präsentation verwendet werden kann, um Code Duplikation zu vermeiden. Wird jedoch für jede neue Seite ein neuer *Controller* verwendet, so findet trotzdem meist Code Duplikation statt, da viele Aktionen bei jeder Interaktion zwischen Client und Server in gleicher Weise ausgeführt werden müssen, [MSDN04] nennt hier unter anderem die Beispiele Sitzungsverwaltung und Auslesen der Parameter.

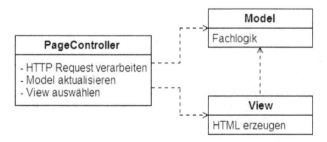

Abbildung 2: Klassendiagramm für *Page Controller*, in Anlehnung an [MSDN04]

Lösung. Ein *Page Controller* ist ein Objekt, das in dynamischen Web-Applikationen Anfragen für eine spezielle Seite oder Aktion auf einer Webseite verarbeitet. Dabei wird pro Seite ein *Page Controller* instanziiert, es ergibt sich die in Abbildung 2 dargestellte Struktur.

Der *Controller* erhält die Anfrage, liest die relevanten Daten aus, verändert gegebenenfalls das *Model* und aktiviert anschließend den entsprechenden *View*, der wiederum die anzuzeigenden

Daten vom *Model* erhält (vgl. [Fow03, S. 371]). Um die oben angesprochene Duplizierung von Quelltext, der in jedem *Controller* vorkommt, zu vermeiden, können die einzelnen *Controller* in einer Vererbungshierarchie organisiert werden. Dazu wird in eine gemeinsame Basisklasse aller *Controller* sämtlicher Quelltext ausgelagert, der für alle *Controller* benötigt und von diesen geerbt wird. In den einzelnen Unterklassen steht dann nur noch der spezifische Quelltext der einzelnen Seiten.

Implikationen. Die entscheidende Implikation bei Anwendung von *Page Controller* ist, dass pro Seite oder gar pro Aktion ein *Controller* benötigt wird. Dies macht die Applikation zum einen übersichtlich, zum anderen sind rudimentäre *Page Controller* in den meisten Frameworks für Web-Anwendungen bereits vorhanden. Durch Vererbungshierarchien für *Controller* kann redundanter Code meist vermieden werden, insbesondere, wenn mehr als eine Vererbungsstufe vorhanden ist. Eine Änderung der Hierarchiestruktur im Nachhinein ist jedoch aufwändig.

Ein entscheidender Nachteil im Vergleich zu dem im nächsten Abschnitt vorgestellten *Front Controller* ist allerdings die Tatsache, dass die Navigationsstruktur einer Applikation bei Anwendung von *Page Controller* in sämtlichen *Controllern* verteilt und daher vor allem in umfangreichen Applikationen schwer nachvollziehbar und wartbar ist.

Implementierungen in .NET. Die ASP.NET-Umgebung unterstützt die Verwendung von *Page Controller*. Der Mechanismus, dass ein clientseitiges Ereignis registriert und an den Server bei Aufruf der entsprechenden Methode geleitet wird, läuft automatisch ab und muss vom Programmierer nicht implementiert werden.

In einer beliebigen ASP.NET Seite kann beispielsweise beim Anklicken eines Buttons eine bestimmte Methode einer bestimmten Klasse aufgerufen werden, indem zum einen die Klasse in der Page-Direktive angegeben wird und weiterhin der Button ein Attribut OnClick erhält, dessen Attributwert die aufzurufende Methode angibt. Die für einen Button zuständige Zeile könnte demnach beispielsweise folgendermaßen aussehen (nach [MSDN04]):

```
<asp:button id="submit" text="Submit" OnClick="buttonClicked"
    runat="server" />
```

Die Methode buttonClicked würde in diesem Fall mit der umgebenden Klasse eines der erforderlichen *Controller*-Objekte für die Anwendung des *Page Controller* darstellen, das ausschließlich die Logik enthält, die mit dem konkreten Button zusammenhängt.

3.3 Front Controller

Problem. *Front Controller* stellt die maßgebliche Alternative zur Verwendung eines *Page Controllers* dar. *Front Controller* bietet im Gegensatz zu der Vielzahl an *Controller*-Objekten, die bei Anwendung von *Page Controller* entstehen, einen zentralen Einstiegspunkt für die Verarbeitung von Anfragen (vgl. [ACM02, S. 169ff.]). Ein zentraler Mechanismus rechtfertigt sich durch eine zentrale Navigation innerhalb der Applikation und die Vermeidung von redundantem Quelltext, da allgemeine Systemdienste wie Authentifizierungstests nur einmal implementiert werden müssen. Eine verteilte Steuerung, die sich durch die Anwendung von *Page Controller* ergeben würde, ist schwer wartbar, da logische Änderungen meist an mehreren Stellen durchgeführt werden müssen, um die Konsistenz zu gewährleisten.

Lösung. [MSDN04] stellt die Command- und Controller-Strategie (vgl. [ACM02, S. 176f.]) des *Front Controllers* vor, die auf dem Command Muster beruht, das in [GHJV04, S. 273ff.] beschrieben wird und der Kapselung von Befehlen als Objekten dient (vgl. Abbildung 3). Die Oberklasse Command[8] deklariert eine Schnittstelle zum Ausführen einer Operation, die ConcreteCommands repräsentieren Befehle und implementieren die Methode Execute().

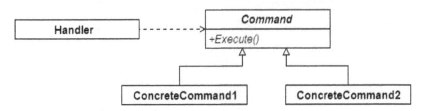

Abbildung 3: Klassendiagramm für *Front Controller* nach Command- und Controller-Strategie, in Anlehnung an [Fow03, S. 382]

Diese Realisierung gewährleistet größtmögliche Flexibilität und minimiert die Abhängigkeit des Handlers von konkreten Befehlen. Der Handler erfüllt zwei Aufgaben: Zum einen nimmt er die Benutzeranfragen entgegen und extrahiert die relevanten Daten, zum anderen ermittelt er den passenden Befehl und führt ihn aus.

---

[8] Die Oberklasse wird von einigen Autoren auch als Interface realisiert, z.B. [MSDN04].

Nachdem der jeweilige ConcreteCommand die Execute()-Methode abgearbeitet hat, ruft er den entsprechenden *View* auf, der dem Benutzer die Daten präsentiert.

Implikationen. Der wichtigste Vorteil des *Front Controllers* ist die Zentralisierung der Steuerung. Damit ist es möglich, Systemdienste und Geschäftslogik über mehrere Anfragen hinweg zu behandeln, außerdem lassen sich Abläufe im Quelltext leichter verfolgen. [ACM02, S. 180] weist allerdings darauf hin, dass die zentrale Steuerung einen kritischen Punkt für Ausfälle darstellt.

Sicherheitsmechanismen lassen sich bei Verwendung des *Front Controllers* sehr effizient umsetzen, da der zentrale *Controller* einen Sperrpunkt für unerlaubte Zugriffe bildet. Auch die direkte Kommunikation mit der Applikations-Umgebung erfolgt nur über den zentralen *Controller*, so dass die Adaption auf andere Umgebungen nur geringe Änderungen bedingt.

Implementierungen in .NET. [MSDN04] weist ausdrücklich darauf hin, dass bei Anwendung des *Front Controllers* in .NET mehr Aufwand zu betreiben ist als bei Anwendung des *Page Controllers*, da das Framework hier keine Hilfsklassen bereitstellt.

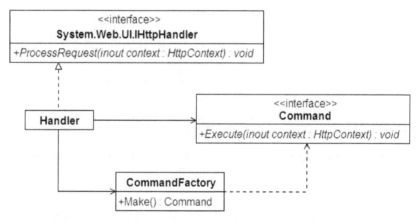

Abbildung 4: Klassendiagramm für *Front Controller* mit Command Factory, in Anlehnung an [MSDN04]

Das Klassendiagramm in Abbildung 4 zeigt, wie ein *Front Controller* im Rahmen von ASP.NET angewendet werden kann. Mit der IHttpHandler Schnittstelle wird ein low-level API angeboten, das für die Entgegennahme von Anfragen geeignet ist und hier durch die Klasse Handler implementiert wird. Die Applikationsumgebung muss nun so konfiguriert werden, dass eingehende Benutzeranfragen an die Handler-Klasse geleitet werden. Dies geschieht, indem in der web.config Datei der Applikation ein httpHandlers Objekt deklariert wird, das eingehende Anfragen in Abhängigkeit von der angegebenen URL und dem HTTP-Verb der entsprechenden IHttpHandler-Klasse zuordnet (vgl. [Mic03a]):

```
<httpHandlers>
    <add verb="*" path="*.aspx" type="Handler,FrontController" />
</httpHandlers>
```

Der Attributwert von verb gibt eine Liste von HTTP-Verben[9] oder – wie hier – einen Platzhalter an, path beschreibt den URL-Pfad, der hier ebenfalls durch einen Platzhalter realisiert wird, und type gibt schließlich die Klasse und die Assembly-DLL an.

Zu beachten ist weiterhin, dass die Funktionalität des zentralen *Controllers* in zwei Klassen aufgeteilt wird: Der Handler erledigt den Teil, der direkt von der Webapplikations-Umgebung abhängt, während die Klasse CommandFactory für das Auswählen und Ausführen der entsprechenden Befehle *(commands)* zuständig ist. Die ProcessRequest-Methode des Handlers enthält damit lediglich den Aufruf der Methode Make von der CommandFactory-Klasse, die den entsprechenden Befehl zurückliefert, sowie die Ausführung dieses Befehls (durch Aufruf der Methode Execute). Das eigentliche Auswählen des auszuführenden Befehls ist Aufgabe der Methode Make. Diese Auswahl kann im einfachsten Fall, wie in [MSDN04] beschrieben, aufgrund des Seitennamens geschehen, es sind aber auch komplexere Ansätze denkbar.

In den Commands steckt schließlich die Fachlogik der einzelnen Seiten. Jede Anfrage wird also zunächst zu dem zentralen Handler geleitet, der nach einer allgemeinen Verarbeitung die Steuerung an die CommandFactory-Klasse zum Auswählen der spezifischen Verarbeitung gibt.

3.4 Intercepting Filter

Problem. Vorverarbeitungen wie die Verarbeitung von HTTP-Headern, der Umgang mit unterschiedlichen Zeichencodierungen, die Browsertyp-Feststellung oder die Sicherheitsmechanismen von SSL werden in der Praxis oft durch if-else-Anweisungen realisiert, die zu unübersichtlichem Quelltext führen, inflexibel sind und oft an mehreren Stellen der Anwendung redundant auftreten.

---

[9] GET, POST, PUT, etc.

Es sollte möglich sein, neue Vorverarbeitungen leicht einzufügen bzw. bestehende zu entfernen ohne andere Filteraufgaben zu beeinflussen. Die Realisierung sollte so flexibel realisiert werden, dass beliebige Kombinationen von Filtern möglich sind ohne die eigentliche Filterlogik ändern zu müssen. Im Optimalfall kann die Kombination der Filter zur Laufzeit geändert werden. Außerdem sollte die Vorverarbeitungslogik von der eigentlichen Fachlogik getrennt werden, da Erfahrungen gezeigt haben, dass diese Anwendungsteile unterschiedlich oft geändert werden müssen. Weiterhin ist es damit möglich, die Vorverarbeitungslogik für andere Web-Anwendungen wieder zu verwenden.

Da jede Benutzeranfrage die Vorverarbeitung passieren muss, ist bei der Implementierung der zuständigen Logik verstärkt auf Performanz zu achten. Eine Kapselung jedes Filterelements ermöglicht zu diesem Zweck die Verwendung unterschiedlicher Programmiersprachen für unterschiedliche Filter[10].

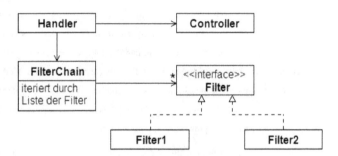

Abbildung 5: Klassendiagramm für *Intercepting Filter*, in Anlehnung an [MSDN04]

Lösung. [MSDN04] erläutert mehrere Wege, um *Intercepting Filter* umzusetzen, die im Folgenden dargestellt werden. Abbildung 5 zeigt die Klassenstruktur für die einfachste Variante, um Vorverarbeitungen vorzunehmen. In diesem Fall aktiviert der Handler zunächst eine Kette von Filtern, bevor die eigentliche Verarbeitung der Anfrage vom *Controller*[11] übernommen wird. Die

---

[10] [MSDN04] nennt hier als Beispiel, dass Zeichenketten effizient mit C++ verarbeitet werden können.

[11] *Intercepting Filter* wird oft im Zusammenhang mit dem in Abschnitt 3.3 erläuterten *Front Controller* verwendet.

Filterkette verwaltet alle vorhandenen Filter und ruft bei einer neuen Anfrage sämtliche Filter nacheinander auf, die Filter kennen sich untereinander nicht.

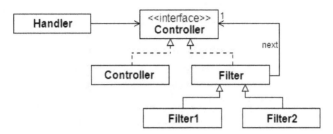

Abbildung 6: Klassendiagramm für *Intercepting Filter* auf Basis des Dekorierer-Musters, in Anlehnung an [MSDN04]

Die nächste Möglichkeit zur Umsetzung von *Intercepting Filter* basiert auf dem in [GHJV04, S. 199ff.] erläuterten Dekorierer-Muster und ist in Abbildung 6 dargestellt. Hier implementieren sowohl sämtliche Filter als auch der *Controller*, der die eigentliche Verarbeitung übernimmt, eine gemeinsame Schnittstelle.

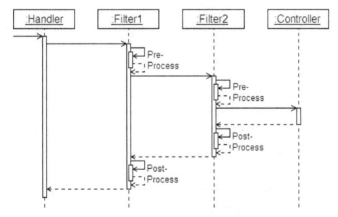

Abbildung 7: Sequenzdiagramm für *Intercepting Filter* auf Basis des Dekorierer-Musters, in Anlehnung an [MSDN04]

Der Handler ruft den ersten Filter auf, der wiederum seinen Nachfolger kennt und nach Abarbeitung seiner Filterlogik diesen aufruft. Der letzte Filter ruft abschließend den *Controller* auf. Die entstehende Aufrufkette offeriert die Möglichkeit, auch Nachverarbeitungen der Anfrage vorzunehmen, da die Applikationslogik nach dem Verarbeiten der *Controller*-Logik wieder zum letzten Filter zurückkehrt (vgl. Abbildung 7).

Eine weitere Art, *Intercepting Filter* anzuwenden, sind so genannte ereignis-gesteuerte Filter. Wird bei den oben vorgestellten Möglichkeiten noch vorausgesetzt, dass die Filter in jeder beliebigen Reihenfolge angewendet werden können, so gilt diese Annahme im Rahmen ereignis-gesteuerter Filter nicht mehr. Die Filter werden vielmehr mit Ereignissen verbunden, die während einer Benutzeranfrage eintreten, z.B. das Eintreffen der Anfrage, das Parsen des Headers, das Parsen der Form Felder, das Ausführen der Seitenlogik, das Zurückgeben der Header oder das Zurückgeben des Seiteninhalts. Damit ist es möglich, Filter in bestimmten Reihenfolgen zu installieren. Ein Filter, der z.B. mit dem Eintreffen der Anfrage verbunden ist, wird garantiert vor einem Filter ausgeführt, der mit dem Zurückgeben der Header verlinkt ist.

Implikationen. *Intercepting Filter* impliziert eine Trennung zwischen der eigentlichen Fachlogik einer Anwendung und den notwendigen Modifizierungen und Vorverarbeitungen einer Client-Anfrage. Dies ermöglicht zum einen eine Wiederverwendung der Fachlogik in anderen Umgebungen, zum anderen können auch die notwendigen Anpassungsmaßnahmen, die in den Filtern realisiert werden und meist in identischer Form in vielen Anwendungen auftreten, in anderen Applikationen modular wieder verwendet werden.

Die lose Kopplung der Filterlogiken erlaubt beliebige Filterkombinationen, die sehr flexibel um weitere Filter ergänzt werden können. Nachteil einer solchen losen Kopplung ist allerdings, dass die gemeinsame Nutzung von Informationen in mehreren Filtern nur schwierig möglich ist, wenn eine Unabhängigkeit der Filter voneinander gewährleistet werden soll (vgl. [ACM02, S. 168]).

Implementierungen in .NET. Prinzipiell können alle Varianten des *Intercepting Filter* in ASP.NET implementiert werden, für die ereignisgesteuerte Variante stellt die Umgebung jedoch spezielle Mechanismen bereit, so dass an dieser Stelle die Implementierung eines ereignis-gesteuerten *Intercepting Filter* vorgestellt wird.

Um einen ereignis-gesteuerten Filter zu implementieren, muss eine neue Klasse angelegt werden, die die IHttpModule-Schnittstelle implementiert. In der Init-Methode dieser Klasse wird festgelegt, auf welches Ereignis der Filter reagieren soll. Die Anweisung

```
httpApp.AuthentificateRequest += new EventHandler(<Methodenname>);
```

registriert z.b. einen Filter für ein Ereignis das eintritt, wenn die Benutzeranfrage authentifiziert ist; httpApp ist vom Typ HttpApplication und wird der Init-Methode als Parameter übergeben. In einer weiteren Methode in der Filterklasse kann das Ereignis dann verarbeitet werden (vgl. [Mic03b]). Außerdem muss der Filter in der web.config Datei der Applikation mit folgender Anweisung registriert werden:

```
<httpModules>
    <add name="Modulname" type=".NET-Klasse,Assembly"/>
</httpModules>
```

Mit dieser Implementierung ist es also möglich, modulare Filter zur Vor- und Nachverarbeitung zu installieren, die über Ereignisse angesteuert werden können.

3.5 Page Cache

Problem. *Page Cache* beschäftigt sich mit dem Problem knapper Ressourcen in Web-Applikationen. Viele vom Benutzer aufgerufene Seiten bedingen einen Zugriff auf eine bestimmte Datenhaltung, die oft eine Limitierung aufweist, wie viele Zugriffe parallel stattfinden dürfen. Werden zu einem Zeitpunkt also viele Seiten von unterschiedlichen Benutzern aufgerufen, die alle auf dieselbe Datenhaltung zugreifen müssen, können Warteschlangen auftreten. Das grundsätzliche Problem, das dahinter liegt, kann nicht durch den Zukauf weiterer Hardware gelöst werden, da auch diese bestimmten Beschränkungen unterliegt.

Eine mögliche Lösung besteht darin, Seiten zwischenzuspeichern und die Zugriffe auf die Datenbank nur selten durchzuführen, um den Inhalt des Zwischenspeichers zu aktualisieren. Dabei muss allerdings bedacht werden, dass das Zwischenspeichern von Seiten zusätzliche Ressourcen in Anspruch nimmt. Von daher müssen fundierte Entscheidungen getroffen werden, welche Seiten zwischengespeichert und welche bei jeder Anfrage neu generiert werden sollen.

Zu bedenken ist weiterhin, dass viele Seiten aus Teilen bestehen, die oft aktualisiert werden[12] und Teilen, die sich selten ändern (z.B. Überschrift). Außerdem können browserabhängig oder geräteabhängig unterschiedliche Versionen derselben Seite angefragt werden. Dann ist zu entscheiden, ob jede Version einer Seite komplett zwischengespeichert wird oder nur der Teil, der in allen Versionen übereinstimmt (vgl. [MSDN04]).

Lösung. *Page Cache* sollte immer dann angewendet werden, wenn Seiten oft angefragt werden, ihr Inhalt sich aber selten verändert. Die grundsätzliche Struktur zur Zwischenspeicherung sieht einen lokalen Datenspeicher vor, den der Web Server unterhält, um darin bereits übertragene Seiten abzulegen.

Falls eine noch nicht zwischengespeicherte Seite vom Client angefordert wird, fragt der Server zunächst in seinem lokalen Page Cache nach, ob die Seite vorhanden ist. Nachdem er feststellt, dass dies nicht der Fall ist, wird ggf. die Datenhaltung kontaktiert und die Seite neu generiert. Bevor sie allerdings an den Client geschickt wird, speichert der Server sie noch in seinem lokalen Page Cache. Ist die Seite bereits im Page Cache, so ist nur ein Schritt erforderlich – die Übertragung der Seite aus dem Page Cache an den Client, die Datenhaltung wird in diesem Szenario nicht kontaktiert (vgl. [MSDN04]).

Implikationen. Wie aus den vorhergehenden Abschnitten ersichtlich ist, lassen sich keine allgemeingültigen Regeln für die Verwendung von *Page Cache* aufstellen. Die optimale Lösung hängt immer davon ab, welche Seiten wie oft aufgerufen werden, inwieweit diese Seiten modular aufgebaut sind und wie häufig sie aktualisiert werden sollten. Insbesondere letzteres ist eine Frage, die nur subjektiv beantwortet werden kann.

Die Vorteile von *Page Cache* liegen in einer Reduzierung der Zugriffe auf die Datenhaltung und des Rechenaufwandes, daher verkürzt sich die Beantwortungszeit für Seiten.

Auf der anderen Seite hat die Anwendung dieses Musters auch Nachteile. Der offensichtlichste besteht darin, dass Seiten angezeigt werden, die nicht mehr aktuell sind, wenn die Daten im Page Cache nicht mehr mit den Daten in der Datenhaltung übereinstimmen. Weiterhin wird zusätzlicher Speicherplatz benötigt und das gesamte System wird komplexer. Insbesondere für die ersten Testläufe sollte die *Page Cache* Funktionalität deaktiviert werden, da sonst nie mit Sicherheit

---

[12] [MSDN04] nennt als Beispiel Aktienkurse.

davon ausgegangen werden kann, dass die jeweils aktuelle Version einer bestimmten Seite angezeigt wird.

Implementierungen in .NET. Die .NET-Umgebung unterstützt drei verschiedene Möglichkeiten, *Page Cache* zu implementieren, auf die im Folgenden eingegangen wird (vgl. [Lor02, S. 1111ff.]).

Cachen ganzer Seiten. Mit Hilfe der @OutputCache-Direktive wird das Caching-Verhalten einer Seite gesteuert.

```
<% @OutputCache Duration="60" %>
```

gibt z.B. an, dass die Seite für 60 Sekunden zwischengespeichert wird. Nach Ablauf dieser Zeit wird sie aus dem Cache entfernt, bei der nächsten Anfrage wieder neu generiert und in den Zwischenspeicher geschrieben.[13]

Darüber hinaus kann das Caching-Verhalten im Quelltext über Methoden der Klasse HttpCachePolicy beeinflusst werden. Beispielsweise kann über

```
Response.Cache.SetMaxAge(new TimeSpan(0, 30, 0));
```

eine Zwischenspeicherungsdauer von 30 Minuten deklariert werden. Vorteil dieser Variante ist, dass das Caching-Verhalten nicht auf jeder Seite deklariert werden muss, sondern einmal zentral definiert werden kann[14].

Cachen von Seitenbereichen. .NET ermöglicht auch die Zwischenspeicherung einzelner Seitenbereiche. Dies macht vor allem dann Sinn, wenn sich Teile einer Seite regelmäßig ändern, während andere konstant bleiben, oder z.B. eine identische Seite für unterschiedliche Benutzer mit unterschiedlicher Überschrift angezeigt werden soll. Die Implementierung beruht auf dem Konzept der UserControls (vgl. z.B. [Lor02, S. 103]). Innerhalb der UserControls wird dann eine separate @OutputCache-Direktive deklariert.

Cachen von Objekten. Jedem Page-Objekt ist in .NET ein Cache-Objekt zugeordnet. Dabei handelt es sich um eine Collection, in der beliebige Daten abgelegt werden können um sie später wieder zu verwenden. Im Gegensatz zu normalen Collections können Elemente, die im

---

[13] Die @OutputCache-Direktive kann noch weitere Attribute beinhalten, die z.B. in [Loh03, Kapitel 15] beschrieben werden.

[14] Diese Funktionalität kann z.B. in einer gemeinsamen Oberklasse aller *Page Controller* (vgl. Abschnitt 3.2) oder in dem zentralen *Front Controller* (vgl. Abschnitt 3.3) realisiert werden.

Cache abgelegt wurden, ablaufen. Daraufhin werden sie automatisch entfernt. Über `this.Cache` kann auf das Cache-Objekt aus einer Unterklasse von Page zugegriffen werden[15]. Neue Objekte können mit Hilfe der Insert-Methode, die als Parameter einen String-Schlüssel sowie das Objekt verlangt, eingefügt werden, vorhandene Objekte werden mit `Cache["Schlüssel"]` ausgelesen.[16]

Somit bietet .NET die erforderlichen Werkzeuge, um Seiten und Daten zu cachen; die Entscheidungen, welche Daten wie lange zwischengespeichert werden sollen, kann allerdings nur der Entwickler selbst treffen.

3.6 Observer

Problem. In allen Anwendungen ist die Kommunikation zwischen Objekten notwendig. Um diese Kommunikation zu ermöglichen, müssen sich die Objekte gegenseitig kennen. Dies führt in den meisten Fällen dazu, dass im Quelltext fest verdrahtete Beziehungen zwischen den Objekten angelegt werden; damit büßt ein System allerdings viel von seiner Flexibilität ein. Insbesondere wenn zum Zeitpunkt der Implementierung noch nicht bekannt ist, wie viele Objekte sich gegenseitig kennen müssen, ist eine direkte Umsetzung der Kommunikationsstruktur in Beziehungen nicht möglich. Andererseits ist ein direkter Methodenaufruf die mit Abstand effizienteste Möglichkeit, Informationen zwischen Objekten auszutauschen. Andere Möglichkeiten, wie z.B. die Nutzung einer gemeinsamen Datei durch alle beteiligten Objekte, sollten daher vermieden werden.

Das *Observer*-Muster beschäftigt sich speziell mit dem Problem von 1-zu-n-Abhängigkeiten zwischen Objekten, bei denen die Zustandsänderung eines Objekts dazu führen muss, dass alle abhängigen Objekte benachrichtigt und automatisch aktualisiert werden (vgl. [GHJV04, S. 287ff.]).

---

[15] Bei Verwendung von C# als Programmiersprache.

[16] Die Cache-Klasse verfügt noch über deutlich mehr Möglichkeiten; für weitere Informationen vgl. [Lor02, Seite 1122ff.].

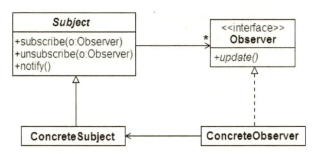

Abbildung 8: Klassendiagramm für *Observer*, in Anlehnung an [MSDN04]

Lösung. Abbildung 8 stellt die beteiligten Klassen bei Anwendung des *Observer*-Musters mit den zugehörigen Beziehungen dar. Die Klasse Subject fungiert als abstrakte Oberklasse für alle Objekte, die Zustandsänderungen propagieren wollen. Sie verwaltet eine Menge von Beobachtern *(observers)*, die bei Änderungen benachrichtigt werden. Für die Aufnahme neuer Beobachter steht die Methode subscribe zur Verfügung, zum Löschen dient entsprechend unsubscribe. Die Methode notify wird bei Zustandsänderungen aufgerufen und iteriert durch die Menge der Beobachter, indem sie von jedem Beobachter dessen update-Methode aufruft. Die Schnittstelle Observer muss von allen Beobachtern implementiert werden. Sie schreibt eine Methode update vor, die bei Änderungen am konkreten Subjekt aufgerufen wird. Wie aus Abbildung 8 ersichtlich, besteht keine direkte Beziehung von einem konkreten Subjekt zu seinen konkreten Beobachtern, damit wird die geforderte Unabhängigkeit erreicht, die auch als *lose Kopplung* bezeichnet wird.

Der vom *Observer*-Muster implizierte Ablauf ist in Abbildung 9 dargestellt. Zunächst registrieren sich die Beobachter bei dem Subjekt. Ändert sich dessen Zustand, so ruft es die notify-Methode auf, die wiederum die update-Methoden der Beobachter aktiviert. Abhängig davon, ob das Push- oder das Pull-Modell angewendet wird, unterscheidet sich die Reaktion, die der Aufruf der Methode update der einzelnen Beobachter hervorruft. Bei Anwendung des Push-Modells erhalten die Beobachter alle relevanten[17] Daten über die Änderung mit Aufruf der update-Methode. Im Rahmen des Pull-Modells, das in Abbildung 9 dargestellt ist, liefert die update-Methode keine

---

[17] An dieser Stelle muss entschieden werden, welche Daten relevant sind. Das ist insbesondere deshalb nicht trivial, weil zukünftige Anpassungen des Systems nicht vorhergesehen werden können.

weiteren Daten, die einzelnen Beobachter müssen sich durch Aufruf entsprechender get-Metho-
den selbst über die konkreten Änderungen informieren.

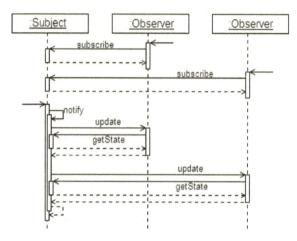

Abbildung 9: Sequenzdiagramm für *Observer* bei Anwendung des Pull-Modells, in Anlehnung an [MSDN04]

Implikationen. Durch Anwendung des *Observer*-Musters wird gewährleistet, dass keine enge
Kopplung zwischen den interagierenden Objekten besteht und trotzdem Informationen ausgetauscht werden können. Weiterhin ist es möglich, jederzeit Beobachter für ein bestimmtes Subjekt an- oder abzumelden.

Ein Nachteil der Anwendung des *Observer*-Musters besteht darin, dass eine Änderung am Zustand eines Subjekts unvorhersehbar viel Rechenzeit benötigt, da durch den Benachrichtigungs-
mechanismus eine Zahl von Nachrichten zwischen den Objekten ausgetauscht wird, die von der
Zahl der Beobachter abhängig ist und anderen Objekten nicht bekannt ist. Bei intensiver Anwendung neigt ein mit *Observer* implementiertes System außerdem dazu, komplex und nur schwer
nachvollziehbar zu werden. Weiterhin können Fehler auftreten, wenn ein Objekt gelöscht wird,
obwohl es bei einem anderen Objekt noch als Beobachter registriert ist (vgl. [MSDN04]).

Implementierungen in .NET. Selbstverständlich lassen sich alle vorgestellten Strukturen in
.NET implementieren, ohne die Besonderheiten von .NET zu berücksichtigen. Im Folgenden

wird jedoch ausschließlich auf eine Möglichkeit eingegangen, *Observer* in .NET unter Ausnutzung bestimmter Mechanismen des .NET-Frameworks zu implementieren (vgl. [PR02]). .NET-unabhängige Implementierungen finden sich z.B. in [GHJV04, S. 292ff.].

Die Einführung des Delegatmodells in .NET ermöglicht eine Implementierung des *Observer*-Musters, ohne dass eine Schnittstelle implementiert oder das Verhalten von Klassen geerbt werden muss. Im Folgenden wird daher in Anlehnung an [Lor02, S. 151ff.] kurz der Einsatz des Delegatmodells vorgestellt.

Ein Ereignis besteht in der .NET-Umgebung aus mehreren Elementen. Zunächst muss das Ereignis deklariert werden. Dies geschieht folgendermaßen:

```
delegate <Rückgabetyp> <DelegateName> (<Parametertyp> <Parameter>);
```

Diese Deklaration muss vor der Verwendung instanziiert werden. Dazu wird folgende Anweisung verwendet:

```
event <DelegateName> <EreignisName>;
```

Damit das Ereignis bemerkt wird und behandelt werden kann, muss eine Methode implementiert werden, die entsprechend der Ereignisdeklaration aufgebaut ist:

```
<Methodenname> (<Parametertyp> <Parameter>) { <Ereignisbehandlung> }
```

Diese Methode wird durch

```
<EreignisName> += new <DelegateName> (<Methodenname>);
```

bei dem konkreten Ereignis registriert. Ein Ereignis wird schließlich durch

```
<Ereignisname> (<Parameter>);
```

ausgelöst.

Das Delegatmodell wird auf das *Observer*-Muster angewendet, indem das Subjekt Ereignisse auslöst und die Beobachter ihre Ereignisbehandlungen für dieses Ereignis registrieren. Am Beispiel des in Abschnitt 3.1 vorgestellten *Model View Controller* sei der resultierende Quelltext in C# hier kurz vorgestellt. Das *Model* löst immer dann, wenn sich sein Zustand ändert (Aufruf der Methode changeState) das Ereignis changeEvent aus, das von den *Views* durch Aufruf der Methode refreshView verarbeitet wird. Damit lässt sich, ohne Beziehungen vom *Model* zu den *Views* vorauszusetzen, sicherstellen, dass die *Views* immer den aktuellen Stand anzeigen.

```
class Model {                              // Model spielt Rolle des Subject

    public delegate void ChangeHandler();  // Ereignisdeklaration
    public event ChangeHandler changeEvent; // Ereignisinstanziierung


    public void changeState() {
        // Änderung des Model-Zustands
        changeEvent();                     // Ereignisauslösung
    }
}


class View {                               // View spielt Observer-Rolle


    void refreshView() {                   // Methode zur Ereignisbehandlung
        // View aktualisieren
    }
    public View(Model m) {
        m.changeEvent += new               // Ereignisbehandlung
            Model.ChangeHandler(refreshView); // anmelden
    }
}


Model m = new Model();                     // Hauptprogramm
View o = new View(m);
m.changeState();
```

Im Hauptprogramm werden zunächst ein neues *Model* und ein neuer *View* erzeugt. Bei der Erzeugung des *View* wird im Konstruktor die Ereignisbehandlung (die Methode refreshView) für das Ereignis changeEvent vom Typ ChangeHandler aus der Klasse Model registriert. Durch Aufruf von **m.changeState()** schließlich wird das Ereignis ausgelöst und damit die Ereignisbehandlung angestoßen.

Observer kann also in der .NET-Umgebung mit dem Delegatmodell realisiert werden, die etwas umständliche Kommunikation, die das Muster in seiner ursprünglichen Version vorsieht, entfällt damit.

4 Zusammenfassung

Muster stellen in der Software-Entwicklung eine Möglichkeit dar, vom Wissen erfahrener Entwickler zu profitieren, ohne die entsprechende Berufserfahrung vorweisen zu müssen. Sie beschreiben für viele Probleme, die sich während der Entwicklung ergeben, allgemeine Lösungsansätze. Diese Lösungsansätze werden oft durch UML-Klassendiagramme dargestellt, das zu lösende Problem wird in Komponenten zerlegt und die Interaktion dieser Komponenten wird erklärt. Der Entwickler muss nun noch einen Weg finden, die allgemeine Lösung auf sein konkretes Problem anzuwenden.

Die Web Presentation Patterns, die in dieser Arbeit vorgestellt wurden, beziehen sich in erster Linie auf Probleme, die bei der Entwicklung von Web-Applikationen auftreten. Die Vielzahl von Web-Anwendungen, die in den letzten Jahren erstellt worden ist, hat in diesem Gebiet den Bedarf nach allgemeingültigen Lösungsansätzen geweckt. Um die Funktionalität von ASP.NET und die Entwicklungserfahrungen der vergangenen Jahre optimal nutzen zu können, hat Microsoft die Muster aus dem Bereich von Web-Applikationen zusammengestellt und darüber hinaus mögliche Implementierungen in der Umgebung ASP.NET vorgestellt.

Die in dieser Arbeit vorgestellten Muster zielen auf unterschiedliche Probleme in der Software-Entwicklung. *Model View Controller* beschreibt einen allgemeinen Weg, die Daten in Applikationen von der Benutzerinteraktion unabhängig zu machen und so die Flexibilität der Anwendung signifikant zu steigern, während im Gegenzug die redundante Code-Duplizierung abnimmt. Dieses Muster eignet sich besonders zur Kombination mit dem *Observer*-Muster, das eine Möglichkeit beschreibt, mit deren Hilfe unterschiedliche Objekte miteinander kommunizieren können ohne direkt voneinander abhängig zu sein.

Die Muster *Page Controller* und *Front Controller* liefern zwei alternative Ansätze zur grundsätzlichen Strukturierung von Web-Anwendungen. Im Rahmen von *Page Controller* ist für jede Anfrage ein separater *Controller* vorhanden, die Verarbeitung erfolgt dezentral. Im Gegensatz dazu bietet ein *Front Controller* eine zentrale Verarbeitungsstelle für alle Anfragen und ermöglicht so eine verbesserte Kontrolle über den Programmablauf. Vor die jeweiligen *Controller* kann zwecks Vor- und Nachbearbeitung der Anfragen eine Umsetzung von *Intercepting Filter* implementiert werden. Damit ist es möglich, Verarbeitungen, die bei jeder Anfrage anfallen, zentral und gleichzeitig modular vorzunehmen.

Das *Page Cache*-Muster beschreibt schließlich Möglichkeiten, vom Anwender oft aufgerufene Seiten zwischenzuspeichern und so eine mehrfache aufwändige Generierung derselben Inhalte zu verhindern. ASP.NET bietet dazu unterschiedliche Möglichkeiten, die vom Cachen kompletter Seiten über das Cachen von Seitenteilen bis zum Cachen der eigentlichen Anwendungsdaten reichen.

Die Web Presentation Patterns bieten ein umfangreiches Werkzeug zur Erstellung von Web-Anwendungen. Diese Art von Musterkatalogen wird in der Software-Entwicklung zunehmend wichtiger, vor allem, da die Muster meist Lösungen beschreiben, die sich von eventuell intuitiveren Lösungen dadurch abheben, dass sie das Hauptaugenmerk auf Eigenschaften wie Flexibilität, Anpassungsfähigkeit, Wiederverwendbarkeit und effizienten Programmierstil richten.

Abbildungsverzeichnis

Literaturverzeichnis

[ACM02] Deepak Alur, John Crupi und Dan Malks. Core J2EE Patterns. Markt+Technik Verlag, München, 2002.

[Ale79] Christopher Alexander. The Timeless Way of Building. Oxford University Press, New York, 1979.

[BMR+04] Frank Buschmann, Regine Meunier, Hans Rohnert, Peter Sommerlad und Michael Stahl. Pattern-orientierte Software-Architektur. Addison Wesley, München, 1998.

[DFJ+02] DePetrillo, Freiberger, Javidi, Oellers und Vasters. .NET Crashkurs. Microsoft Press Deutschland, Unterschleißheim, 2002.

[Fow99] Martin Fowler. Analysemuster: Wiederverwendbare Objektmodule. Addison Wesley, Bonn, 1999.

[Fow03] Martin Fowler. Patterns für Enterprise Application-Architekturen. mitp-Verlag, Bonn, 2003.

[GHJV95] Erich Gamma, Richard Helm, Ralph Johnson und John Vlissides. Design Patterns. Addison Wesley, Boston, 1995.

[GHJV04] Erich Gamma, Richard Helm, Ralph Johnson und John Vlissides. Entwurfsmuster: Elemente wiederverwendbarer objektorientierter Software. Addison Wesley, München, 2004.

[Loh03] Matthias Lohrer. Einstieg in ASP.NET. Galileo Computing, Bonn, 2003. Online verfügbar unter `http://www.galileocomputing.de/openbook/asp/` (Abruf: 18.11.2004)

[Lor02] Patrick A. Lorenz. ASP.NET: Grundlagen und Profiwissen. Carl Hanser Verlag, München, 2002.

[Mic03a] Microsoft. Microsoft Visual Studio .NET 2003 Dokumentation: <httpHandlers>-Element. Microsoft Corporation, 2003.

[Mic03b]   Microsoft. Microsoft Visual Studio .NET 2003 Dokumentation: IHttpModule-Member. Microsoft Corporation, 2003.

[MSDN04]   Microsoft .NET Library: Microsoft Patterns & Practices. Web Presentation Patterns. http://msdn.microsoft.com/library/default.asp?url=/library/en-us/dnpatterns/html/EspWebPresentationPatterns.asp (Abruf: 11.11.2004)

[PR02]   Doug Purdy und Jeffrey Richter. Exploring the Observer Design Pattern. MSDN Library, 2002.

[Wik04]   Wikipedia, die freie Enzyklopädie: Model View Controller. http://de.wikipedia.org/wiki/MVC (Abruf: 25.11.2004)